HEUREUX
d'exister

Mathias Miranda

ISBN : 978-2-9572726-0-0

Ça y est, c'est fini.
Je n'y retournerai plus.

L'école m'a d'abord instruit, elle m'a ensuite détruit.

Le bac, je l'ai. Tant pis pour le BTS. Ils penseront que je suis fainéant, que cette décision vient d'un manque de motivation. Ils se trompent. Je suis motivé. Motivé à réussir ma vie autrement que par ce diplôme que je n'aurai peut-être jamais obtenu.

J'ai 18 ans, ma vie m'attend.

Je préfère désormais vivre heureux plutôt que de ne plus vivre car je ne l'étais pas.

Maman, Papa,

Vous n'attendez aucune excuse de votre fils, mais aujourd'hui, je vous demande pardon.

Pardon de ne jamais avoir su vous dire ce que je ressentais et surtout, ce que je vivais. Cette vie dont je vous parle, je n'ai su la partager qu'avec mes amis. Vous n'êtes responsables de rien. J'ai reçu de vous la meilleure éducation qu'auraient pu donner des parents à leur enfant. J'ai reçu de vous toute l'attention dont un enfant a besoin pour se construire. Mes peines ne venaient pas de vous, elles venaient de moi. Peut-être qu'un jour, je comprendrais pourquoi elles étaient là.

I. 21 janvier 2015, bienvenue sur ma chaîne YouTube.

Des vidéos, j'en regardais. Ces vidéos, elles m'inspiraient. Beaucoup voulaient, mais très peu osaient.

Je me sentais prêt.

Je ne sais plus exactement tout ce que je m'étais dit à ce moment-là en le faisant, en m'inscrivant. Ce jour-là, j'ai tracé mon avenir sans le savoir, sans m'en douter. J'ai écrit le début d'une histoire qui aurait pu mal se terminer. Cette histoire, c'est la mienne. Elle n'est ni la plus intéressante, ni la plus longue, je n'ai que 18 ans. Je vais tout de même vous la raconter à travers ce livre, dans lequel je partagerai avec vous des émotions et des moments vécus.

« Hey tout le monde ! Alors on se retrouve pour mon premier tutoriel sur mon compte YouTube...». Cette histoire a commencé par cette courte phrase. Une dizaine de mots pour des milliers de jugements. Je ne pouvais pas le savoir, j'avais 13 ans, j'étais trop jeune.

Dans cette vidéo, la première de ma chaîne YouTube, j'expliquais à mes quelques premiers abonnés comment ajouter facilement du texte sur un réseau social, alors en pleine expansion à l'époque. Cette vidéo avait plutôt bien fonctionné, elle avait fait 40 000 vues en quelques semaines. Rien d'exceptionnel, mais j'étais très content que cette première vidéo plaise, c'était assez motivant. J'avais décidé de continuer.

Ce sont ensuite des dizaines d'autres vidéos qui étaient venues s'ajouter à celle-ci. Des vidéos toutes différentes les unes des autres. Je n'avais dès le départ pas voulu respecter de thème. Cette chaine YouTube, c'était moi. Je voulais y partager tout ce que j'aimais. Je voulais y montrer tout ce que je faisais, pas que par des vidéos, en live aussi. J'organisais souvent sur ma chaîne YouTube des vidéos en direct, des sortes de Skype publics avec mes amis YouTubeurs. Les spectateurs qui nous regardaient étaient de plus en plus nombreux à nous accompagner chaque soir, à chaque live. Une longue période de ma vie avait été rythmée par ces derniers. Chaque soir, même heure, même rituel. *« Hey tout le monde ! J'espère que vous allez bien… Aujourd'hui on se retrouve pour un nouveau live en compagnie de…»*. Parfois Lucas, parfois Maxime, certaines fois Mathis, d'autres fois Heloise… ou encore Jules, Lou-Ann, Enzo, Manon, Léana, Anthony… Et tant d'autres avec qui je partageais ces nombreuses soirées. Le lendemain matin, retour aux vidéos. *« Hey tout le monde ! J'espère que vous allez bien, aujourd'-hui on se retrouve pour une nouvelle vidéo dans laquelle… »*. Toujours les mêmes mots, la même innocence, la même ambition.

Papi ne m'aura jamais connu « YouTubeur ». J'aurais aimé qu'il me voie faire tout ça, qu'il me voie grandir et évoluer dans ce qui était devenu pour moi une réelle occupation. La vie en avait malheureusement décidé autrement une nuit de janvier 2010 lors de laquelle le téléphone avait sonné. C'était l'hôpital. Maman devait y allait. Papi partait.
Des passions, je n'en avais jamais vraiment eues. Je ne m'en souviens pas

très bien, mais mes parents me disent souvent que j'étais un enfant introverti, que je n'aimais pas être en groupe et que je détestais les sports collectifs. J'ai fait de la gymnastique pendant huit ans, mais mon courage de l'époque ne m'avait pas porté bien loin dans ce sport. Ah oui ! En plus d'être timide, j'étais peureux. J'avais pleuré dans le monde des poupées à Disney... Ne me jugez pas. Je ne sais toujours pas pourquoi j'étais comme ça.

J'ai aussi fait de la peinture et de la danse. Ces activités artistiques, je les appréciais certes mais ce que j'aimais désormais par dessus tout, c'était l'autre monde que j'avais découvert quelques années plus tôt : le virtuel. Un monde connecté dans lequel des personnes réelles communiquent entre elles. Pourquoi le mot virtuel s'utilise-t-il pour désigner l'absence d'existence ? C'est pourtant grâce à ce mot que j'ai existé.

Le petit Mathias timide, renfermé et sans ambition que papi avait connu existait enfin.

La sonnerie retentissait, les cours étaient finis, une nouvelle journée au collège venait de se terminer. Dans une de mes mains, mon carnet ; dans l'autre ma carte, prête à être montrée au chauffeur du bus, dans lequel je m'installais toujours dans les premiers rangs. Je préférais. Ceux qui criaient, s'amusaient et fumaient à l'arrière ne m'intéressaient pas vraiment. Quelques minutes plus tard, le bus me déposait enfin devant chez moi. Pas de goûter, je me dépêchais plutôt de monter dans ma chambre. Installation du trépied, des éclairages et de mon téléphone portable pour me filmer. Puis cette phrase que vous connaissez désormais. C'était à chaque fois le même plaisir. Cette passion ne cessait de grandir. Grâce à elle, j'ai appris à m'ouvrir aux autres comme je n'avais jamais su, ni pu le faire auparavant.

On m'a souvent demandé pourquoi avoir fait ce choix de m'exposer sur les réseaux sociaux à tout juste 13 ans ? Il en faut du courage pour le faire. Beaucoup pensaient que c'était pour me faire des amis. Mais des amis, j'en avais. Je ressentais juste le besoin d'en avoir d'autres, et d'une autre manière. Ce besoin ne s'expliquait pas. Je pense aujourd'hui connaître les raisons qui m'ont attiré à rencontrer de nouvelles personnes différemment. Les amitiés virtuelles peuvent se construire plus vite que les réelles, et surtout beaucoup plus simplement. Il suffit en effet de quelques échanges sur les réseaux sociaux pour connaître les intérêts communs partagés avec d'autres personnes. Parfois, pas besoin de discussions pour les connaître : un tweet, une photo ou une vidéo suffisent. Ces amitiés naissent vite car elles ne sont limitées ni dans le temps, ni dans l'espace. Elles se forment à n'importe quel moment de la journée ou de la nuit et sur n'importe quelle plateforme : Skype, Facebook, Twitter, Instagram, Snapchat... Je m'ouvrais et je communiquais plus librement avec ces amis qu'avec ceux avec qui je passais mes journées au collège. Cette sensation de liberté et de non jugement, je pense que c'est ce qui me plaisait le plus dans ces relations. Grâce à ces amis, j'ai enfin pu être virtuellement, et à cet âge, ce que j'aurais pu être dans la vie réelle s'ils avaient été là, avec moi.

C'est difficile le collège. Pas seulement pendant les cours, mais plutôt dans la cour...

Les années du collège sont celles pendant lesquelles on se cherche. Je n'ai pas eu besoin de me chercher longtemps. On avait essayé de me dire ce que j'étais avant que je ne le sache, avant que je ne le découvre moi-même. Pourquoi, à 13 ans, on me demandait si j'aimais les hommes ? Pourquoi les plus grands me posaient toutes ces questions ? Je suis PD ? Je ne peux pas l'être, PD, c'est une insulte… Je n'en suis pas une…

Ce questionnement, censé être naturel, ne l'a pas été pour moi.

Je n'ai que très peu de souvenirs du collège, mais je vais vous en raconter quelques-uns, ceux dont je me souviens.

À la cantine, je n'ai jamais mangé seul ; il était inconcevable pour moi que mon grand frère, ou qui que ce soit d'autre, me voit à table seul, face à une chaise vide. Alors, j'ai souvent dû manger au côté de camarades avec qui je ne partageais pas grand-chose, voire rien du tout. Je ne comprendrai jamais pourquoi, chaque midi, je me sentais obligé de manger avec au moins un garçon à ma table. Je ressentais une gêne lorsque je n'étais qu'avec des filles à la cantine ou dans la cour, en classe ou en sport. Pourquoi les autres garçons ne restent-ils qu'entre eux ? Pourquoi est-ce que je ne fais pas partie de leur groupe ? Suis-je si différent d'eux ? Ces questions sans réponse m'ont longtemps inquiétées sans que personne ne s'en doute. Je connais désormais les réponses à celles-ci. J'étais bien différent d'eux, mais je n'étais pas un problème. Je n'en avais pas non plus. J'étais juste moi-même et je n'aurais jamais dû avoir honte de l'être. Je réalise que j'ai été idiot de penser tout cela, mais cinq années plus tôt, je ne pouvais pas avoir cette réflexion.

Le sport... Je rêvais qu'il n'y en ait plus.

Pourquoi obliger des enfants qui se connaissent à peine de se regrouper dans un même vestiaire ? Je détestais cet endroit.

M'exhiber devant mes camarades était compliqué pour moi. J'étais quelqu'un de pudique. À la piscine et dans les vestiaires, pas de casier ni d'endroit où se cacher. Des dizaines de corps plus développés que le mien s'étalaient à ma vue. C'était complexant et humiliant de devoir leur montrer le mien.

Dans ces mêmes vestiaires, j'ai vu des camarades se faire tabasser, se faire traîner au sol. J'en ai vu d'autres forcés à aller sous les douches. D'autres se faisaient voler.

Les problèmes de L'EPS continuent à l'intérieur du gymnase, ils ne s'arrêtent malheureusement pas à la porte des vestiaires.

Pourquoi c'est moi qu'ils choisissent toujours en dernier ? Je suis nul ? Oui… On peut dire que je l'étais dans beaucoup de sports. Aucun d'eux ne m'intéressait. Le handball, le basket, le badminton, le ping-pong… À quoi tous ces sports allaient-ils me servir ?

La constitution des équipes était toujours l'un des pires moments. Celui où le professeur annonçait que les équipes ne pouvaient pas être mixes l'était encore plus pour moi.

Partons du gymnase, revenons dans la cour.

Le deuxième souvenir que je vais vous raconter marque le début de ce que je n'appelais pas encore du harcèlement. Je regrette de ne pas avoir été préparé et informé à ce sujet. Je regrette que le système scolaire et les établissements ne soient toujours pas prêts à faire face à ce genre de situation efficacement. Je regrette que chaque année, de nombreux enfants et adolescents meurent encore sous les coups et les mots de leurs camarades, de leurs harceleurs.

Des films sont diffusés, des livres sont édités sur ce sujet. Mais pensez-vous vraiment que les agresseurs s'y intéressent ? Évidemment que non. Pensez-vous aussi que les quelques affiches A4 contre le harcèlement que l'on peut retrouver sur les murs des collèges et des lycées suffisent ? Non plus. Pour le moment, tout est misé sur l'aide aux victimes. Mais beaucoup n'arrivent pas parler. Faut-il que l'une d'elles mette fin à ses jours dans chaque établissement pour que le personnel et la hiérarchie réagisse ? Pourquoi informent-ils et punissent-ils si peu ? Pourquoi gardent-ils des élèves qui en ont fait fuir d'autres ? Les écoles et nos dirigeants ne s'impliquent malheureusement pas encore assez dans cette cause, qui devrait pourtant être défendue comme aucune autre. En France, plus de 700 000 élèves souffrent chaque année, pour la plupart en silence. Ces élèves subissent des violences physiques, psychologiques et morales. Ce sont de ces sévices moraux dont j'ai souffert, sans ne jamais en parler.

Puis les questions des plus grands ne leur ont plus suffi. Ils étaient passés à l'étape supérieure en trouvant le mot de passe de mon compte Twitter.

S'ils s'étaient arrêtés à ça…

Ils y avaient partagé des vidéos pornographiques homosexuelles.

J'avais 13 ans.

À ces tweets désastreux d'ajoutaient des insultes, des regards et des menaces dans la cour. Je ne pouvais pas parler de harcèlement, ce mot, comme je vous l'ai déjà dit, m'était inconnu. Pourtant, cela en était bien.

Malgré des excuses, ces mots et ces visages m'ont hanté pendant de nombreuses semaines. Ce harcèlement n'était pas quotidien. Je ne peux pas dire que je me réveillais chaque matin avec la boule au ventre avant d'aller prendre mon bus, non. J'ai eu cette chance de ne pas avoir reçu de coups, de ne pas avoir trop souffert. Cette chance, d'autres ne l'ont pas eu.

Il fallait que je parte. Mais partir de quelle façon… Partir ailleurs ou partir vraiment ?

II. 1er septembre 2016, un YouTubeur au lycée

Finies les vacances, fini le collège, on met les réseaux sociaux de côté et on passe aux choses sérieuses ! Tu parles… Ça ne marche pas comme ça avec les réseaux sociaux. Une fois que tu es dedans et qu'une communauté te suit, rien n'est plus important qu'eux.

Le lycée… Enfin ! Le collège ne me plaisait plus. Trop d'immaturité, peu de personnes avec qui parler. J'avais hâte de rencontrer de nouveaux visages.

Je passais d'un collège d'une ville de sept milles habitants à un groupement scolaire, qui accueillait des élèves allant de la maternelle jusqu'au BTS, dans une ville de cinq fois plus d'habitants. Flippant. Mais j'étais content d'arriver dans cette nouvelle ville, content de découvrir de nouveaux lieux, et surtout, j'avais hâte de rencontrer les personnes avec qui j'allais partager cette première année de lycée. Je n'aurais jamais imaginé que j'allais partager bien plus qu'une année avec certains d'entre eux. Je leur dédie ce chapitre.

C'est l'heure de rentrer en classe pour la première fois. Salle 152, couloir au premier étage à gauche, professeur de mathématiques en professeure principale, placement par ordre alphabétique. Ouf ! Je n'avais pas à choisir à côté de qui me placer. Néanmoins, j'avais un peu peur de me retrouver seul. *« Bonjour à tous, je suis Mme… votre professeure principale pour cette année scolaire 2016-2017… ».* Une présentation, quelques explications, un peu d'encouragements et plus qu'à travailler. En espérant que personne ne découvre qui je suis, ce que je fais sur les réseaux.

Le premier jour s'était plutôt bien déroulé. Une connaissance de mon ancien collège était dans ma classe et ça me rassurait. Ensemble, nous étions allé vers les nouveaux et nous avions très vite aussi fait connaissance avec le reste de la classe. Je m'étais dès ces premières heures de cours déjà trouvé des amis ! Quelques jours plus tard, j'avais déjà compris que c'était avec ces mêmes personnes que j'allais partager toute mon année, voire plus.

Dans un paragraphe précédent, je vous ai dit que j'espérais que personne ne découvre mes vidéos. Je n'ai pas eu à espérer longtemps.

Deuxième jour, premier cours avec mon groupe d'allemand. *« C'est toi le You-Tubeur ?? »*, puis quelques minutes plus tard des chuchotements dans le couloir et dans la cour… Le lendemain, des photos, des vidéos, des autographes… Oui oui, le Mathias timide du collège avait dû assumer des regards inhabituels dès sa rentrée au lycée. Le Mathias introverti d'il y a quelques années ne l'était plus, il ne pouvait plus l'être. Il devait assumer son exposition sur les réseaux sociaux partout, même au lycée.

Je n'aime pas raconter ces faits, j'ai l'impression de me vanter. Ne vous inquiétez pas, je ne vous raconte que la réalité, sans rien exagérer.

Pendant plusieurs jours, en particulier lors de la deuxième semaine, à chaque sortie dans la cour, c'était le même rituel. Je devais prendre du temps pour ne pas décevoir les quelques curieuses et curieux qui souhaitaient prendre des photos avec moi. J'aurais pu dire à la place de curieuses et curieux « abonnées et abonnés » ou « fans », mais ils ne l'étaient pas. Pour la plupart, ils ne me connaissaient que très peu, voire pas du tout. J'avais réalisé à ce moment là qu'ils savaient tous ce que je faisais. Je n'avais plus de prénom. Il s'était transformé en « Le YouTubeur ». Une « star » était parmi eux, il fallait la repérer. Il fallait me trouver.

J'ai eu la chance d'aimer mon lycée. Dedans, je m'y sentais bien, je m'y sentais en sécurité. Ailleurs, c'était différent, je ne l'étais pas vraiment. En arrivant dans cette ville, je n'avais pas peur et je ne pensais pas pouvoir en avoir peur. Mais j'aurais dû m'en douter, je n'étais pas le bienvenu pour certains. Des élèves de mon établissement avaient déjà informé ceux des autres lycées que j'étais là. La chasse était lancé.

Une semaine à peine après la rentrée, je m'étais rendu à la médiathèque de la ville qui venait d'ouvrir ses portes avec des amis. Je n'ai plus jamais voulu y retourner. Un groupe de jeunes m' y avait dévisagé dès mon entrée, l'un d'eux m'avait même interpelé à plusieurs reprises. Mon amie, pour prendre ma défense, lui avait alors demandé de me laisser tranquille. Nous sommes partis, ils nous ont suivi. Devant la médiathèque s'en était suivie une altercation de quelques longues minutes que je n'oublierai pas. Je me rappelle encore de leurs visages, pour rien, remplis de haine.

Retour dans la cour de mon lycée. Toujours les mêmes regards pesants et en moi, toujours la même gêne. Je n'étais pas que gêné pour moi, je l'étais aussi et surtout pour mes amis qui sans rien demander s'étaient retrouvés dans la même situation que moi. Mes amis devaient vivre à mon rythme et à celui des selfies qu'on me demandait.

Je ne me souviens que de très peu de moments, j'essaye de ne garder que les bons en mémoire. Certains restent.

Cette fois, un élève plus grand que moi était venu me prendre en vidéo sans m'en demander la permission. Ses amis rigolaient. Moi, je n'ai rien fait, je n'ai rien dit. Les seuls regrets que j'ai sont ceux de les avoir laissés faire. On dit qu'un silence vaut mille mots. Ces milliers de mots que j'aurais dû leur dire, à eux ou à d'autres, j'ai dû les garder en moi. Je n'aurais pas dû me taire ces fois-là. Après tout, je risquais quoi ? Qui était en tort ? Certainement pas moi. J'avais peur d'être détesté plus que ce que je n'étais déjà. Je préférais l'être pour rien. Je voulais qu'ils continuent à me détester sans raison. Je n'aurais rien pu leur faire. Je suis quelqu'un de bien, ils n'auraient pas réussi à me détester pour quelque chose.

Paradoxalement à tout ce qui se passait, chaque matin, je me réveillais heureux, car je savais que j'allais passer une nouvelle journée dans mon lycée. Cet endroit, je ne l'aurais peut-être pas autant aimé sans la présence de mes amis. De la seconde à la Terminale, seuls quelques-uns se sont rajoutés à la courte liste qu'ils composaient. Ce n'était pas les cours qui me motivaient. C'était eux. Mon réveil sonnait pour eux. Mon bus passait pour eux. J'entrais en classe avec eux. Malgré tout ce qui pouvait se passer là-haut dans mon quotidien, dans ou en dehors de cet établissement, jamais aucun d'eux ne m'a laissé tomber.

Je vous parle ici de mes vrais amis, pas de ceux qui ont tenté, comme ils ont pu de se servir de moi et de ma petite notoriété pour gagner quelques followers ou pour récupérer quelques bracelets ou lunettes que j'avais reçu en collaborant avec diverses marques. Je vous parle de ceux que j'ai toujours à mes côtés. Je vous parle de ceux que j'espère garder avec moi toute ma vie. Je rencontrerai peut-être leur femme, leur mari, leurs enfants. Ils habiteront peut-être loin de moi, mais dans mon coeur, ils resteront toujours mes amis.

Des amis, j'en ai d'autres. Je ne les ai pas tous rencontré dans ce lycée. J'en ai rencontré certains à la maternelle, en primaire, au centre aéré… D'autres encore en vacances… Tous ces amis se reconnaîtront.

Si tu penses que je parle de toi, pas de doute. Quand on fait partie de mes amis, on le sait. Tu fais bien partie de ma vie. Je te dédie ce livre à toi aussi.

III. 5 février 2017, « 15 ans à peine et déjà célèbre sur YouTube »

« Du haut de ses 15 ans, il compte déjà 15 000 abonnés sur sa chaîne YouTube et plus de 60 000 sur son compte Instagram. Mathias Miranda surfe sur la vague du succès ».

Le succès, oui, je l'ai connu.

Voilà le début de l'article qui était précédé d'une grande photo de moi, posant fièrement face à l'objectif du photographe. Trépied amateur sur mon bureau, iPhone en guise de caméra et petit éclairage allumé. En fond, ma chambre tapissée de certaines des dizaines de lettres reçues de la part d'abonnés. Une décoration enfantine par laquelle j'exposais fièrement mes intérêts et mes goûts de l'époque. Cette chambre, elle me plaisait. C'est ici que j'ai poussé mes premiers cris. Ici que j'ai versé mes premières larmes, que j'ai ri pour les premières fois. C'est dans cette chambre que j'ai grandi en y faisant tout un tas de choses. J'y jouais, j'y dansais, j'y chantais… C'est dans cette même chambre que j'écris mon premier livre.

Le flash du photographe, l'interview, les questions du journaliste et quelques jours plus tard, cet article dont j'avais tant rêvé paraissait. J'en étais fier. Comment ne pas l'être pour un tel accomplissement ? Je pense encore pouvoir l'être. Je vous l'ai dit, il en faut du courage pour s'exposer autant à cet âge. Les dangers de cette exposition, je commençais à les connaître, mais ils ne m'avaient pas encore arrêté. Ils ne le pouvaient pas encore. Chaque opportunité que je pouvais saisir m'intéressait. J'étudiais chacune d'entre elles. Si elles pouvaient m'apporter quelque chose, je les saisissais. Alors, même toutes ces années plus tard, je suis fier. Non pas forcément de l'article en lui-même, mais plutôt de l'ambition que j'ai eue si jeune. Un grand article consacré à ma passion allait être lu par des milliers de personnes. C'était incroyable.

Aperçu de mon article en première page du journal, article d'une demi-page, deux photos, sept cent soixante-dix-sept mots. C'était le dimanche 5 février.

Mamie était venu nous apporter le journal, elle avait oublié de désactiver l'alarme en entrant dans la maison. Elle avait sonné. Cette alarme m'alertait-elle d'un danger ?

De retour à l'école le lundi suivant, j'avais vu le regard des professeurs et du personnel de l'établissement se tourner vers moi. Eux aussi savaient. J'étais fiché. Je ne pouvais plus me détacher de ces deux mots par lesquels on m'appelait, « Le YouTubeur ». Ils savaient presque tous qui j'étais et ce que je faisais. Si j'avais des mauvaises notes, c'était forcément à cause de mon temps passé sur les réseaux plutôt que devant mes cahiers. Des questions, ils m'en posaient, elles ne me dérangeaient pas, au contraire. C'était enrichissant de parler de ma passion à des personnes qui parfois ne la comprenaient pas. J'ai apprécié ces nombreuses conversations menées de questionnements, de réflexions et de conseils. Je ne me plaindrai pas pour tout cela. J'avais voulu être présenté au grand public, je devais assumer.

Dans cet article, tout était dit, sur moi comme sur mon activité. Pour moi, il était important que je sois transparent avec ma communauté et avec les nouveaux qui allaient peut-être la rejoindre en me découvrant ce jour-là. Cette transparence, je ne l'ai que très rarement retrouvée chez certains de ceux avec qui je partageais ma passion. Vos YouTubeurs, blogueurs ou influenceurs préférés vous cachent beaucoup trop de choses. Quand ce sont des contrats à respecter, d'accord. Mais des mensonges, non merci. J'en avais découvert beaucoup sur ces réseaux que vous, public, ne pouviez et pouvez toujours pas voir. J'étais de l'autre côté. Pas du vôtre, mais de celui de l'hypocrisie, des Skype étranges et de la « YouTube Money ». Je ne vous en parlerai pas dans ce livre. Dans un autre ? Pourquoi pas…

Revenons-en au titre du chapitre, à mon article et à sa première partie « *Des Amis Inconnus* ». Des inconnus, oui. Des amis, je ne sais pas. Oui, mes abonnés étaient comme des amis, mais ce que je partageais avec ceux qui l'étaient vraiment, je ne ne le partageais pas de la même manière avec eux. En revanche, il est vrai que des amis, je m'en suis fait grâce aux réseaux sociaux. Je suis passé du virtuel au réel avec certains d'entre eux. De vraies amitiés peuvent se créer, c'est vrai. Quelques inconnus ne le sont plus. Ils font désormais partie de ma vie.

« *Même âge, mêmes préoccupations* », c'est ce qui est bien sur les réseaux. C'est simple de choisir de quoi parler, avec qui et comment : en textes, en vocaux, en vidéos ? Tous les moyens étaient bon pour discuter, pour s'aider. *« Vous avez un problème ? N'hésitez pas à venir m'en parler. »*. Et c'était réciproque. J'aidais les personnes qui le voulaient, et celles-ci me soutenaient lorsque c'était à mon tour d'en avoir besoin.

Parfois, nos parents et les adultes qui nous entourent ne peuvent pas comprendre nos inquiétudes. Ils essayent, mais rares sont les fois où ils y parviennent. Ils nous disent souvent avoir été jeunes avant nous et pouvoir donc se mettre à notre place, mais les jeunes d'avant ne sont plus les jeunes de maintenant. Ils ont certes connu des problèmes auxquels nous devons nous aussi faire face, mais nous en rencontrons de nouveaux dont ils ne savent rien. Nos parents ne peuvent pas réaliser ce qu'est de grandir dans notre monde actuel. Nous ne pouvons pas non plus nous imaginer comment eux ont évolué, sans nos Snapchat, Twitter, Instagram et autres.

Pendant l'interview, le journaliste m'avait demandé si j'étais un geek. Je lui avais répondu que je ne l'étais pas. En y réfléchissant d'une autre manière et avec du recul, je peux désormais assumer le fait de l'avoir été. J'étais en effet passionné par ce qui se passait sur Internet. Au point que rien ne pouvait m'arrêter. J'ai mis du temps avant de comprendre les dangers des réseaux sociaux. Je n'en avais même pas parlé dans cet article. C'est la première chose dont je parlerais aujourd'hui si je devais réapparaître dans un journal une nouvelle fois. Quel était le réseau le plus bienveillant ? Lequel était le plus violent ? Je commençais à le savoir, mais je n'en avais jamais exclu aucun. Donc oui, j'étais bien un geek. Tout était bon à prendre pour faire la promotion de mes vidéos, la promotion de ma vie. *« Je suis sur les réseaux et j'y resterai ».* C'est ce que je me disais à ce moment-là. Désormais, je ne pense plus exactement de cette façon, et heureusement.

« Sur Instagram, Mathias est suivi par 60 000 abonnés. Ses photos sont donc vues des milliers de fois. Une donnée qui n'a pas échappé à certaines marques, qui se sont engouffrées dans le business... ». C'est vrai que je ne vous ai pas encore parlé d'Instagram. Pourtant, c'est là que tout avait commencé, bien avant YouTube. C'était cette communauté d'une dizaine de milliers de personnes qui m'avait incité à me lancer sur les autres réseaux sociaux, dont YouTube. Et c'est sur Instagram que j'ai eu le privilège de collaborer avec de grandes marques françaises ou mondialement connues.

J'en ai posté des photos, j'en ai fait des partenariats. J'ai envoyé des mails, répondu à d'autres, négocié avec les marques, ouvert des colis, mis en scène les produits reçus pour faire leurs promotions, préparé les légendes et puis posté. C'était ça mon travail avant You-Tube. Et c'était un travail rémunéré. J'ai été payé à recevoir des cadeaux, payé à faire ce que j'aimais. Et il n'y a rien de plus satisfaisant. Je ne réussirai même pas à vous dire combien j'ai gagné sur ces réseaux lors de mes années les plus actives. Quelques milliers d'euros ? Peut-être… Je n'ai jamais compté.

Vous pensez peut-être que j'ai été payé à ne rien faire. J'aurais été d'accord avec vous si je devais simplement mettre en ligne une photo déjà existante suivie d'une description à copier-coller. Mais derrière un post sponsorisé, c'était toujours bien plus que ça. Je définirais le partenariat par une sorte de contrat de

confiance entre la marque et l'influen-
ceur qui en fera sa promotion. Pour que
cette confiance s'installe de chaque
côté, ce n'est pas si facile. Une fois le
partenariat organisé, la marque ou le
site Internet me proposait de m'envoyer
un ou plusieurs de leurs produits afin
que je puisse les tester. Certaines fois,
en plus de recevoir un colis, je pouvais
percevoir une rémunération, soit fixe,
soit correspondant à une commission
sur chaque vente effectuée grâce à mes
codes promos. Ce que je vous explique
en quelques lignes ici pourrait vous
l'être en plusieurs pages. La mise en
place d'un partenariat est en réalité bien
plus complexe que ça.

On m'avait quelques fois contacté afin
que je donne des avis positifs sur des
produits que je n'avais jamais testés. Il
était hors de question que je gagne de
l'argent en mentant à des personnes qui
m'accordaient leur confiance. On m'a-

vait aussi proposé des partenariats cachés ou dissimulés. Ces propositions n'étaient mêmes pas légales, je les avais toutes refusées.

J'avoue avoir fait peut-être trop de partenariats par moments, mais qui serait assez bête pour refuser d'obtenir gratuitement un tas de trucs cools que je n'aurais peut-être jamais pu me payer de moi-même ? Je recevais ces cadeaux et j'offrais en échange à mes abonnés des codes promotionnels proposant les meilleures réductions possibles.

Revenons à nouveau à l'article. Il est terminé pour les lecteurs papier. Les lecteurs web ont, eux, eu droit à une de mes vidéos en fin d'article. Quelle bonne idée… *« Hey tout le monde ! Aujourd'hui on se retrouve dans une vidéo dans laquelle je vais tester des bombes de bains…»*, oui…mes professeurs m'avaient vu dans ma baignoire, en short de bain, masque et tuba sur la tête quelques mois après ma rentrée. J'en avais eu des idées bizarres pour divertir mon public, mais celle-ci les avait toutes dépassées. J'aimais m'amuser en faisant un peu n'importe quoi. Mes réseaux sociaux, mes vidéos, c'était moi.

IV. 10 juin 2017, notre première rencontre

« On se rencontre enfin ? », Quelques infos sur mes réseaux sociaux et tous mes abonnés étaient en quelques minutes invités à mon premier Meet-up.

C'est quoi un Meet-up ? Pour faire simple, ce terme général désigne une rencontre entre plusieurs personnes qui partagent un intérêt commun. Pour les réseaux sociaux, c'est plutôt une rencontre entre un blogueur et ses abonnés, entre un vidéaste et son public.

J'en avais rêvé de cet événement. Un nouveau rêve se réalisait grâce à ma communauté. J'allais enfin rencontrer ceux grâce à qui j'étais heureux chaque jour, ceux qui m'avaient toujours apporté leur amour et leur soutien, ceux grâce à qui j'en étais arrivé là. J'allais signer pour la première fois des autographes à des personnes qui m'admiraient... J'avais ressenti en ce jour de printemps des sentiments qui m'étaient jusqu'alors inconnus. Pourquoi autant de personnes se déplaçaient-elles pour me voir ? Pourquoi devrais-je signer des autographes... Sur des feuilles, des photos et même sur des téléphones portables ? Méritais-je vraiment tous ces câlins et ces cadeaux ? Je n'ai toujours pas trouvé de réponse à ces questions. Je ne comprendrai jamais pourquoi on m'a tant aimé.

J'avais déjà rencontré des abonnés. Des filles et des garçons, des enfants et des adolescents, des timides et des audacieux.

La première fois, c'était au cinéma, en septembre 2015, à peine quelques mois après le lancement de ma chaîne You-Tube. Deux premières personnes étaient venues me demander une photo à mon arrivée dans le grand hall, puis deux autres qui me cherchaient avaient réussi à me trouver. Enfin, comme si je n'étais déjà pas assez stressé par les quatre premiers, trois autres s'étaient finalement jointes à nous. Impossible pour moi de prendre une photo nette, elles étaient toutes plus floues les unes que les autres. J'avais dû appeler une amie pour qu'elle vienne m'aider à prendre quelques photos pour éviter que toutes ne soient ratées. Je tremblais, impossible de tenir une discussion entière avec les personnes qui étaient venues me voir ce soir-là. Et puis, après cette première rencontre, les autres se sont enchaînées. Plus une seule sortie sans que l'on me reconnaisse.

- On pourrait prendre une photo ?
- Oui, avec plaisir, tu veux que je tienne ton téléphone ?

C'est à ce moment que j'ai su que je commençais à m'habituer à ces rencontres. Enfin, j'arrivais à prendre en mains le téléphone de ces personnes. Les photos n'étaient plus floues. Je ne tremblais plus. Je ne ressentais plus aucun stress. Une appréhension peut-être, celle de ne pas plaire, celle qu'ils me trouvent moins bien en vrai qu'à travers un écran. J'arrivais enfin à être à l'aise et c'est en l'étant que j'ai pu enfin profiter de tous ces moments de rencontre et de partage.

J'ai aimé toutes nos rencontres, certaines d'entre elles m'ont profondément marquées.

Le cinéma était le lieu où je rencontrais le plus de ces personnes. Lors d'une avant-première, une fille était venue me demander s'il était possible que je me déplace pour venir voir sa petite soeur quelques rangs plus hauts. Je n'avais même pas eu le temps d'arriver jusqu'à elle qu'elle était déjà en larmes. Câlins, photos, quelques mots… Mais pourquoi ces larmes ? Étaient-elles de joie ? D'émotion ? Je ne sais pas… Pourquoi se mettre dans un tel état pour moi ? Je suis quelqu'un de normal pourtant. J'aurais pu être l'un de ses amis mais elle me voyait comme une idole.

Encore une fois, je venais de vivre quelque chose de tout nouveau.

Partons maintenant en Corse. C'est là-bas que j'avais découvert que l'on ne me connaissait pas que chez moi. Je passais mes grandes vacances 2016 sur l'île de beauté. Un jour, je n'étais pas très motivé à sortir. Ma mère et mon frère l'étaient et voulaient visiter un parc, non loin de notre hôtel. Short, claquettes, vieux t-shirt et pas coiffé... Après tout, qui va me juger ? Je ne connais personne ici. J'avais trop vite parlé. Alors que je caressais un âne dans son enclos, une fille s'était approchée de moi. Je m'étais alors reculé pour qu'elle puisse voir l'animal à son tour, mais ce n'était pas lui qu'elle venait voir... C'était moi. *« On peut prendre une photo ? »* Désolé pour cette tête et ce style mais, oui avec plaisir ! Mes abonnés venaient donc de toute la France. D'autres venaient même de beaucoup plus loin.

Un an plus tard, c'était dans un petit village près d'Annecy que je passais mes vacances d'été. Je me souviens avoir reçu en messages privés plusieurs photos de moi, allongé sur un transat au bord de la piscine de l'hôtel. Une jeune fille avait fait plusieurs heures de route pour venir me voir, après avoir découvert que je séjournais près de chez elle. Elle n'avait pas donné d'autre choix à son père que de l'emmener rencontrer son « YouTubeur » préféré. Comment savait-elle j'étais dans cet hôtel, dans ce village ? Comment savait-elle que j'y étais à ce moment précis de la journée ? C'est particulier d'être reconnu, de devoir se préparer avant chaque sortie. C'est étrange de recevoir des photos de soi, prises en cachette, dans des moments et des endroits où tu penses être seul. Beaucoup n'osaient pas venir me voir et préféraient immortaliser une rencontre qui ne se faisait qu'à quelques mètres, sans mot. Pourquoi avaient-ils peur de venir me parler ? Pensaient-ils me gêner ? Pourtant, aucun d'eux ne m'a jamais dérangé.

C'est drôle de se sentir observé. Je ressentais souvent l'impression d'être regardé. Des fois, je ne l'étais pas. Mais lorsque je l'étais, je le savais, je le sentais. Il suffisait que je croise un de leurs regards pour le savoir. Lorsqu'ils me connaissaient, leurs yeux me le disaient.

Je n'aime pas me vanter. J'ai l'impression d'encore le faire en vous racontant ceci. Vraiment pas. Je vous raconte juste les fois où j'ai eu l'honneur de rencontrer ces personnes que je n'ai jamais réussi à appeler mes « fans ». Qui suis-je pour avoir des fans ? On peut être fan d'une vedette, pas de moi. Je n'en suis pas une. Je n'aime pas vraiment non plus le mot « abonnés ». Certes, ils font partie de mes abonnés, mais pourquoi les réduire à ce mot ? À

un chiffre, à un nombre d'abonnés ?
Pour moi, ils étaient devenus bien plus
que ça. Ils n'étaient plus ce chiffre en
haut de page de chaque réseau social.
Ils étaient devenus des confidents
lorsque j'allais mal ou lorsque j'avais
des doutes. Pourquoi est-ce aussi simple
de se confier à des inconnus plutôt qu'à
des membres de sa famille ?

V. 11 novembre 2017, notre dernière rencontre

« *Toutes les bonnes choses ont une fin.* » C'est la phrase que je me rappelle m'être dite lorsque j'avais annoncé sur mes réseaux sociaux à mes abonnés l'organisation de mon nouveau Meet-up. Je commençais à savoir ce qu'était le harcèlement. Alors pourquoi ne pas les rencontrer autour d'un débat sur ce sujet ? Pourquoi ne pas prendre le micro une première fois pour parler et donner des conseils à ceux à qui cela pourrait arriver ? Une association de Metz s'était occupée de l'organisation de l'événement en y invitant quelques influenceurs dont je faisais partie. Bienvenue à la « Fabrique de l'Égalité ».

Les huit premiers YouTubeurs avaient pris la parole. C'était ensuite à mon tour de me présenter. *« Bonjour à tous, je m'appelle Mathias Miranda, j'ai 15 ans et je suis très heureux d'être présent aujourd'hui pour défendre toutes ces causes. Merci à toutes et à tous d'être venus. »*. Des applaudissements, puis une « Foire aux questions », un moment de partage, de questions-réponses entre eux et nous.

La première question, c'est moi qui la leur ai posée. *« Est-ce que vous nous voyez comme des personnes différentes ?»*. Car au lycée, j'avais parfois l'impression de l'être. Je ne m'attendais pas à une si belle réponse. *« Je ne vous considère pas comme différent au sens humain, mais plutôt par votre courage. Je trouve ça hyper courageux de s'afficher sur Internet. Pour se lancer, il en faut du courage, je ne pourrais pas le faire personnellement. ».* Elle venait de résumer toute ma pensée en trois phrases. Je suis quelqu'un. Ce quelqu'un a existé, certes, grâce aux écrans sur lesquels il était regardé mais il existe aussi en dehors de ces écrans, réellement. Je suis humain. Lorsque j'étais YouTubeur, je l'étais tout autant. Certains ne le comprenaient pas. Ils pensaient juger une sorte de robot sans émotion que je n'étais pas, que j'aurais peut-être aimé être.

Nouvelle question. *« Bonjour, je m'appelle Léa, j'ai 15 ans et je suis super heureuse de vous voir tous. À travers des écrans vous êtes pour moi des exemples et je me demandais comment vous trouvez le courage de vous lever chaque matin pour faire des vidéos dans lesquelles vous assumez qui vous êtes. Je vous admire énormément, personnellement je n'aurais pas le courage.»* Toujours ce même mot qui revenait. Ces questionneuses nous comprenaient. Elles savaient qu'il nous en fallait du courage. Elles nous le donnaient. Je n'avais pas répondu à cette question, j'avais laissé mes « collègues » le faire. *« Préparez-vous des textes avant de tourner vos vidéos ? ».* Des notes, il m'arrivait d'en écrire, mais des textes, jamais. Je n'aurais pas réussi à être moi-même à 100% devant une feuille en guise de prompteur. Dans mes vidéos, je me devais d'être spontané. Je pense que c'est cette spontanéité qui plaisait à mon public. Elle était la base de tout. La base de la confiance qui s'était installée entre lui et moi. L'improvisation, c'était nettement mieux, même si je devais passer des heures au montage, à supprimer les petites hésitations en « *euh* » et les différentes répétitions que je ne remarquais pas au tournage.

Les questions terminées, place maintenant aux photos, aux câlins et aux dédicaces. Mes abonnés étaient toujours là. Ils étaient venus un peu moins nombreux que la fois précédente, mais ils étaient là. Toujours le même plaisir de les rencontrer, sûrement pour la dernière fois.

Je ne pensais pas encore à arrêter dans l'immédiat, je pensais juste à me protéger. J'en étais arrivé au stade où ce que je faisais m'apportait plus d'inconvénients et de danger que d'avantages et de plaisir. Je m'étais toujours dit que lorsque les mauvais côtés de cette activité dépasseraient les bons, je la cesserai. C'est ce qui s'est passé. Je vivais toujours de belles choses mais je ne les percevais plus de la même manière qu'à mes débuts. Ce qui était censé me rendre joyeux me le rendait plus, en tout cas pas autant qu'il ne me l'aurait rendu quelques mois plus tôt.

De moins en moins de contrats avec les marques, moins de partenariats aussi. Une motivation qui n'était plus celle du départ, une baisse du nombre de vues et de followers actifs… J'en avais peut-être trop fait. J'avais peut-être changé et je n'étais sûrement plus au goût des personnes qui me suivaient trois ans plus tôt. Ce n'était pas si grave mais alors, à quoi bon servait de continuer ? J'aurais pu essayer de renouveler cette aventure en cherchant à plaire à un nouveau public ou en cherchant à plaire une seconde fois à ceux qui me suivaient déjà. J'aurais pu innover pour trouver de nouveaux spectateurs. Mais je n'aurais sûrement jamais pu revivre tout ce que j'avais vécu jusque-là. Je devais débuter une nouvelle vie sans tous ces abonnés et toutes ces vues. Sans toutes ces personnes et tous ces cadeaux. Je devais me consacrer à moi. À ce que j'allais faire, à ce qu'allait devenir ma vie, à ce que j'allais devenir.

J'avais fait mon temps. Un temps court mais intense. Je me souviendrai toute ma vie de ce que j'ai accompli grâce à ces milliers d'inconnus qui m'ont fait confiance pendant quelques années.

Ce que j'ai vécu est exceptionnel. Inoubliable.

J'aurais aimé les remercier un par un et une par une. J'aurais adoré les rencontrer pour tous les prendre dans mes bras au moins une fois. J'aurais voulu leur offrir l'amour qu'ils et qu'elles m'avaient offert toutes ces semaines, tous ces mois et toutes ces années. Je ne réalise toujours pas la chance que j'ai eu d'avoir autant de monde à mes côtés. Je ne réalise toujours pas ces quelques chiffres symboliques : 67 000 abonnés sur Instagram, 7000 sur Twitter et Snapchat. 16 000 abonnés et 1,5 millions de vues dans 144 pays sur YouTube. Ils ne sont pas grand-chose par rapport à ceux de certains de mes amis YouTubeurs de l'époque, mais j'en suis tout de même très fier, très reconnaissant. Avec tous ces abonnés sur Instagram… On aurait presque pu remplir le Stade de France. Oui, c'est ironique. Mais c'est lorsque je pense à ce genre d'idée bête que je réalise qu'ils n'étaient pas que des chiffres. Toutes ces personnes existaient bel et bien.

J'aurais aimé dire au-revoir à certaines d'entre elles. C'est difficile de les perdre. Pas de perdre leur abonnement, non. De les perdre, elles.

L'une d'elles est partie rejoindre le ciel un soir où seules les explosions d'un feu d'artifice auraient dû y briller. L'une d'elles s'est fait tuer en même temps que 85 autres personnes. L'une d'elles est l'une des plus jeunes victimes de l'attaque terroriste survenue à Nice le 14 juillet 2016. L'une d'elles s'appelait Laura, elle avait 13 ans. Elle a quitté ma communauté sans l'avoir décidé. Sans se désabonner. Une nouvelle étoile brille depuis dans le ciel, c'est la sienne.

VI. 29 décembre 2017, #BestMakeup2017

Un mois plus tôt, je réfléchissais déjà à ce que j'allais faire après YouTube. Il était hors de question que je déserte brutalement les réseaux sociaux. Je devais au moins y rester pour les quelques personnes qui me suivaient encore. Moins de vidéos, plus de Tweets.

#BestMakeup2017 - *meilleurs maquillages 2017*, un h-tag que je découvrais ce 29 décembre, en me connectant sur l'application qui a pour icône un oiseau bleu. Sur ce #, des filles et des garçons qui partageaient leurs meilleurs maquillages de 2017.

Un tweet « parce que les hommes ont aussi le droit de se maquiller et de s'assumer », quatre photos, un h-tag. C'était posté. Je savais ce que je faisais en publiant ce tweet. Je n'aurais cependant jamais pu imaginer l'ampleur qu'il allait prendre.

Ça m'était déjà arrivé de me maquiller. Oui, j'avais le droit. Et j'ai aimé le faire. Pourquoi ? Je ne sais même pas. Mais en tout cas je le pouvais. Je l'avais fait. Pourquoi ne pas le prouver en le tweetant ? Je savais très bien que ce tweet dérangerait. J'en avais même la certitude. Mais j'avais décidé de provoquer en me servant du courage qui me restait.

Une heure, deux heures, trois heures passent sans que mon téléphone ne s'arrête de vibrer. C'est quoi tout ça ? 100, 600, 3000, 10 000 retweets ??? Ça ne s'arrêtait plus. Des milliers de partages, de commentaires, de messages. Des milliers de personnes bienveillantes qui m'envoient leur soutien… Ce soutien, je l'ai lu, mais je n'ai pu le ressentir à aucun moment. La haine des autres avait dépassé cette bienveillance que j'aurais dû connaître.

Cette fois, j'étais face à des milliers d'insultes, des centaines par heures, des dizaines par minutes. En messages privés, en réponses publiques, sur mes autres réseaux sociaux… Cette haine s'était répandue partout en quelques heures. Pourquoi était elle là ? Je n'avais rien dis à part la vérité. Je n'avais rien fait sauf être moi.

Des insultes et des menaces j'en avais déjà reçu. Mais des comme celles-ci, jamais. J'avais connu pour la première fois un véritable déferlement de haine. Rien de moins que du cyber-harcèlement. Des milliers d'anonymes voulaient me voir souffrir, me voir mourrir.

« J'ai un fils comme ça, je peux vous assurer qu'il ne va pas me connaître longtemps »
« Sale fils de pute »
« Tu fais pitié avec ton maquillage et tes vidéos YouTube »
« Dis-moi, du coup, je dois t'appeler mademoiselle ou monsieur ? »
« T'es une sacrée pédale Mathias »
« Que je te croise une fois dans la rue, tu vas le regretter »
« Je vais te péter les dents sale PD va »
« Je te souhaite la mort »

Imaginez devoir lire ces mots sur votre écran des milliers de fois.

Je ne leur avais rien fait. J'avais été ce jour-là attaqué sans raison.

J'avais passé de nombreuses heures à capturer en photos ces mots douloureux, je ne saurais même pas vous dire pourquoi. J'avais des preuves mais pourquoi mener ça en justice ? Trop d'inquiétudes pour papa et maman... Je gardais ça pour moi, je pensais que tout ça ne m'atteindrait pas. Je gardais pourtant les traces de ceux qui avaient voulu me voir partir.

Je relis aujourd'hui ces attaques sans verser de larme, je ne peux pas pleurer pour ça, la colère a remplacé ma tristesse.

Ces mots ne se sont pas arrêtés à Twitter. J'ai retrouvé en quelques heures toute ma vie sur différents forums dont le pire, un bien connu chez les 18-25 ans. Sur ce site, on a le droit de se moquer. Sur ce site, certains avaient même créé une brigade virtuelle qui avait pour objectif de m'humilier. La liberté de parole sur ce forum n'était pas contrôlée. Il existe toujours.

Je ne sais pas si j'ai le droit de regretter mon tweet. En le publiant, je n'ai pas fait que défendre ma propre liberté, j'ai défendu celle de toute une communauté. J'ai défendu comme j'ai pu la liberté d'être soi. J'ai refusé de m'empêcher à faire ce dont j'avais envie et j'ai encouragé des milliers de personnes à faire comme moi. Nous n'avons qu'une vie et cette vie est courte alors profitons-en, non ? Je regrette plutôt de ne pas avoir encore une fois puni ceux qui auraient pu détruire toute une vie. Pas forcément la mienne, une autre peut-être. J'ai été fort, d'autres le sont moins. C'est pour ces moins forts que je me sens coupable de ne rien avoir pu faire. De les avoir laissé faire.

Ils pensent qu'ils ont raison, j'espère qu'un jour ils comprendront.

J'entends souvent dire que le harcèlement s'arrête à la porte des réseaux sociaux. On m'a souvent dit que si je supprimais ces applications, l'acharnement dont j'étais victime cesserait. C'est faux. Mon histoire en est la preuve.

VII. L'année 2018

L'année 2017 s'était terminée de la pire des manières possibles. Ce que j'avais vécu depuis 2015, j'avais dû le revivre là en l'espace de quelques jours. C'est dur cette pression, cet acharnement incompris, ces insultes et jugements permanents.

Encore une fois, mes amis étaient là. J'allais faire la fête avec eux. J'allais ne plus y penser, au moins le temps d'une nuit. « *3-2-1… Bonne année…* » Si seulement elle avait pu l'être.

Quelques jours plus tard, le réveil sonnait à nouveau. Je devais déjà retourner en cours, les vacances étaient terminées. J'allais devoir assumer publiquement ce que j'avais posté de chez moi quelques jours plus tôt.

Téléphone en mains, caméra activée, prêt à filmer les éventuels agresseurs que j'aurais pu croiser sur mon chemin. Je filmais. Souvent pour rien, mais certaines fois, je recueillais de nouvelles preuves de ce dont j'étais victime. Pas de bombe anti-agression, pas de taser, juste mon téléphone en guise de protection. C'était mon petit moyen de me sentir un peu plus en sécurité. Ce « bouclier virtuel » ne me protégeait pas, mais le fait d'avoir sur mon téléphone les vidéos de mes harceleurs me confortait dans l'idée qu'un jour, ils paieraient.

C'était dur de ne pas pouvoir marcher sans se faire regarder et de devoir constamment changer ses plans pour ne pas croiser la route de ceux qui auraient pu me vouloir du mal. C'était dur d'être moi.

Chaque matin et chaque soir, en allant prendre le bus, je croisais ces mêmes visages. Ceux de la gare routière. Pourquoi étaient-ils toujours là à regarder les gens passer ? J'avais l'impression qu'ils attendaient chaque jour avec impatience le passage de leurs cibles. J'en étais une. Jusqu'à fin 2017, je traversais fièrement cet endroit. J'avais peur oui, mais je ne l'avais jamais montré aux personnes avec qui j'y passais. Je marchais la tête haute et droite. Peut-être un air arrogant ? Je m'en fichais. Je traçais, je me dépêchais d'aller prendre mon bus. Carte de bus présentée, je m'installais, ouf ! Je pouvais enfin souffler.

Un jour, pour ma sécurité, j'ai préféré mettre cette fierté de côté. J'avais décidé de ne plus la traverser. J'ai fait le choix de marcher plus. Marcher plus pour éviter de ne plus pouvoir le faire.

Ces personnes que je croisais et qui me dévisageaient en allant prendre mon bus, je les voyais aussi dans les mentions de mes réseaux sociaux. Je savais qui ils étaient, et eux n'avaient pas peur d'assumer ce qu'ils faisaient. J'avais tenu plusieurs discussions avec certaines de ces personnes, tentant de leur expliquer ce que je pouvais ressentir et ce qui aurait pu se passer si je n'avais pas eu le soutien de mes amis et la présence de ma famille. Certaines de ces personnes me disaient être elles aussi discriminées pour d'autres faits. Alors, pourquoi combattre une cause en en discriminant une autre ? Leurs petits frères pourraient un jour se retrouver à ma place.

Je me souviens très bien de l'une de ces longues discussions, pendant laquelle j'avais passé des heures à expliquer la vie à un adolescent qui aurait déjà dû la connaître. *« Mec, dis-toi qu'il y a des petits gars et même des filles qui se bloquent à cause de toi ou d'autres comme toi. Ils sont sur les réseaux sociaux, ils tombent sur tes tweets et ils ne trouveront pas ça normal d'être différents, d'aimer librement. Par ta faute et celles des autres, ils ne s'assumeront jamais, ils vivront malheureux toute leur vie. Tu en seras responsable. »* et le débat était lancé. Premier message auquel il m'avait alors répondu *« Ce n'est pas mon but. »*. Je ne pouvais pas laisser le débat s'arrêter à cette réponse.

- Si je te saoule à t'expliquer tout ça, tant mieux.

- Non tu ne me saoules pas au contraire, tu me fais réfléchir sur plein de choses.

J'étais heureux de cette réponse. J'avais pour la première fois fait réfléchir une de ces personnes un minimum.

« Je vais te dire quelque chose. Je m'en fiche si tu en parles autour de toi, mais il n'y a pas un jour pendant lequel je n'ai pas peur de vivre. Soit parce que quelqu'un me tapera, soit parce qu'on m'insultera sur les réseaux sociaux ou dans la rue. Il y a beaucoup de choses dont je me suis rendu compte en grandissant. Ces choses sont difficiles à vivre. Chaque petit mot que tu penses anodin comme « PD » et que tu prononces fièrement referme les esprits de certains. Les insultes, les messages haineux, les commentaires sur mon physique, les regards et les cris dans la rue.

C'est invivable. Qui aurait la force de vivre comme moi ? Chaque chose que tu dis ou que tu fais a un sens. Chacune de ces choses est meurtrière. J'ai cette chance d'avoir constamment des gens à mes côtés. Sans eux, je me serais déjà tué. »

Voilà le long message que je n'avais pas hésité à lui envoyer juste après qu'il m'ait dit commencer à réfléchir sur certaines choses.

- Moi j'arrive pas à m'en rendre compte parce que ça m'est jamais arrivé, et je suis un con qui traîne avec des cons, sans réfléchir aux conséquences. Franchement je m'excuse et je regrette de t'avoir mal parlé, de m'être moqué. Tu es vraiment une bonne personne.

- Ne regrette rien, ne t'excuse pas. Vraiment ça ne sert à rien. Le mal est fait. Ne change pas pour moi, change pour les autres à qui tu aurais pu faire du mal.
- C'est juste que je me rends compte que c'est vraiment débile ce que je fais.
- Tu as fait ce que tu as fait et tu penses ce que tu veux. Je suis juste là pour te dire les choses. Je crois ne jamais avoir détesté autant détesté une personne comme je te déteste. J'ai vraiment de la haine envers toi.
- Je te comprends, mais pourquoi de la haine ?
- Je ne sais pas vraiment, je n'ai jamais ressenti ça je crois. Mais c'est pour toutes ces fois où, dans la rue, tu t'es moqué. Pour toutes ces fois où tu m'as insulté et où tu m'as jugé sur les réseaux sociaux…

Je ne pense pas avoir perdu mon temps en lui parlant. Cette personne, qui tentait comme elle pouvait de m'humilier à chacune de mes sorties avait fini par arrêter. Comme elle, j'avais utilisé des mots forts. Pas pour l'insulter, ni pour l'humilier. Pour le faire culpabiliser… Un peu. Mon premier objectif était de le faire réaliser que chacun de ses actes et mots pouvaient avoir de lourdes répercutions.

Depuis cette fin d'année 2017, mes yeux n'avaient jamais versé aucune larme. Je me pensais bien plus fort que tous ceux qui auraient voulu voir ces larmes sur mon visage. Pendant tout ce temps, j'ai gardé en moi une souffrance inimaginable. Un soir de janvier, j'ai craqué. J'ai pleuré de longues minutes, sans m'arrêter, avec ma maman à mes côtés qui essayait de comprendre pourquoi. Pourquoi j'étais dans cet état. Mais même ce jour-là, je n'avais pas réussi à le lui expliquer. Rendez-vous chez le docteur, prise de sang, vitamines… De toute manière, tout le monde est triste en hiver. C'est ce que je lui avais fait croire. C'était bien plus que ça. Ma tristesse n'était pas celle banale d'un hiver. Elle était bien plus qu'une simple tristesse. Ce que j'avais enfoui tout ce temps en moi devait y rester. La partie de moi qui tentait de rester plus forte que tout ce que je vivais avait fini par ne plus l'être. Cette partie de mon courage qui me portait chaque jour s'était ce soir-là écroulée. Je n'avais plus de place en moi pour garder tout ce que je vivais depuis ces longs mois. Mon inconscient voulait que je libère ces milliers de jugements et d'insultes que j'avais peur de raconter, que j'avais peur de devoir assumer.

Je n'ai jamais su raconter ces faits avant de vous les écrire, sûrement par peur de m'en souvenir.

Ils avaient réussi. Ces milliers d'inconnus et d'anonymes avaient réussi à me faire voir les choses différemment. Et si c'était moi le problème au final ? Si c'était à moi d'arrêter ? Ils avaient peut-être raison…

Voilà. Cet enfer qui avait débuté au collège et qui s'était accentué au lycée venait de s'amplifier à nouveau. J'étais harcelé.

Ce harcèlement, je l'ai vécu tout au long de cette année. Sur les réseaux un peu moins, dans la rue beaucoup plus. Tout le monde me connaissait. Beaucoup me détestaient. Cette fois, c'était vraiment la fin. Inutile de continuer cette passion qui était devenu trop dangereuse pour moi, pour ma santé, pour mes proches et pour ce que j'allais devoir reconstruire.

En cherchant dans ma mémoire et dans mes photos comment j'aurais pu nommer ce septième chapitre, je me suis rendu compte que cette année-là, je n'avais pas fait grand-chose. Voici tout de même mon année 2018 en neuf moments.

24 février : nouvelle coupe pour un nouveau départ. Ce nouveau départ je l'ai pris ce jour-là en me rasant entièrement le crâne avec l'aide d'une amie. Ces cheveux que je n'avais jamais voulu couper s'étaient retrouvés en quelques minutes à terre.

12 mai : l'Eurovision. J'adore l'Eurovision ! C'est l'événement que j'attends le plus chaque année. J'étais content des résultats. Si j'avais su que mon artiste favori allait y représenter la France l'année d'après…

26 mai : le feu à Europa Park. Au collège, je n'ai jamais trop aimé les sorties scolaires. Au lycée, je les adorais. J'y ai passé des moments de vie inoubliables avec tous mes amis. Cette fois-là, c'était à Europa Park que mon lycée nous emmenait. Si on avait su qu'un gigantesque incendie allait écourter notre journée…

04 juillet : et… Action ! Je commençais le tournage d'un court métrage dont j'étais le scénariste. Des dizaines de personnes m'avaient aidées dans ce projet qui a bien vu le jour quelques semaines plus tard.

14 juillet : le défilé. Pour la fête nationale de mon village et d'une ville proche, j'avais réalisé un char sur lequel j'avais invité tous mes amis à venir faire la fête.

15 juillet 2018 : 1998-2018. La France est championne du monde de football 20 ans après son premier titre.

19-30 juillet : vacances au Portugal avec papa. J'adore partir au Portugal pour y retrouver ses beaux paysages et ma famille.

11-25 août : vacances en Corse avec maman. J'adore aussi cette île et pour les mêmes raisons.

11 novembre : un an plus tard. Un an que mon dernier Meet-Up avait eu lieu. J'avais ce jour-là enlevé de mon mur toutes les lettres que j'avais reçues de la part de ceux qui me suivaient.

VIII. 15 janvier 2019, une nouvelle ère

Les réseaux sociaux avaient pris trop d'ampleur dans ma vie. Je ne voyais plus la différence entre le moi des réseaux et le moi que j'étais vraiment, même s'ils n'étaient pas si différents. J'avais parfois trop privilégié le virtuel au réel. J'avais souvent mis de côté sans m'en rendre compte les personnes qui m'entouraient. J'ai fini par me rendre compte de tout ça.

En 2018, j'avais déjà commencé à réduire progressivement mon nombre de publications sur les réseaux sociaux. Moins de tweets, moins de photos, moins de vidéos. Cette vie privée que j'exposais ne l'était enfin plus.

Ce 15 janvier 2019, je m'étais réveillé plus motivé que jamais à recommencer tout, en mieux. J'avais décidé de supprimer mon compte Instagram. Cette page sur laquelle j'avais depuis tout ce temps publié mes photos allait disparaitre pour toujours. Des photos de moi, de mes vacances, de mes amis, de mes animaux, de mes repas. Tout allait disparaître. J'étais prêt à brûler cet album de ma vie d'avant. De nombreuses années pour obtenir presque 70 000 abonnés et quelques secondes pour les effacer à tout jamais.

Sur YouTube aussi, j'avais décidé de tout supprimer. J'avais juste garder quelques unes de mes vidéos en privé pour que je puisse toujours les regarder. Seule une vidéo figure toujours publiquement sur la page principale de ma chaîne, c'est le projet le plus ambitieux dans lequel je m'étais lancé : la réalisation de mon premier court-métrage. Je suis encore très fier de ce petit film.

Ces vidéos et photos, je ne les ai pas supprimées parce que j'en avais honte. Je l'ai fait pour prendre un nouveau départ. J'avais décidé de le prendre, en restant tout de même sur les réseaux, mais cette fois sans m'exposer comme je le faisais depuis 2015. Alors, ce même jour, j'ai recréé mes réseaux sociaux sous un autre pseudo, sous un autre nom. Je serais toujours Mathias Miranda. Je voulais juste voir ce nom disparaître d'Internet. Trop de monde le connaissait.

Depuis, c'est moins de 1000 personnes qui me suivent sur mes réseaux sociaux. Dessus, je n'y montre plus que très rarement mon visage. Désormais, ces quelques abonnés qui me suivent ne voient de moi que mes vêtements et mes sorties. Ils voient aussi mes voyages et connaissent mes goûts musicaux, mais je ne leur dis plus grand-chose de moi. La plupart ne connaissent même pas mon vrai nom, mon pseudo ne l'est pas. Je me protège enfin comme j'aurais dû le faire depuis toujours.

S'effacer du web est beaucoup plus compliqué qu'on ne le pense. Vous auriez tapé mon nom sur un moteur de recherche lors de ces années, vous y auriez découvert toute ma vie. Une recherche Google et des dizaines de photos de mes amis et de moi apparaissaient. J'ai fait comme j'ai pu pour les supprimer. J'ai contacté qui j'ai pu pour que certaines d'entre elles disparaissent définitivement. Le processus est long, mais je suis heureux d'avoir réussi à faire supprimer ces images que je ne voulais plus qu'on voie de moi.

J'assume qui je suis. Je veux simplement qu'on oublie qui j'étais avant.

IX. 4 septembre 2019, la bataille de Verdun

« *Admis Mention Bien avec 14,87/20* ». Quel soulagement, ce 7 juillet 2019, lorsque je découvris mes résultats au baccalauréat. Une nouvelle étape de ma vie venait d'être franchie. La ligne d'arrivée d'une longue course avait été enfin surmontée.

J'avais hâte de passer du collège au lycée. Un peu moins de quitter le lycée dans lequel j'étais pour en découvrir un nouveau. Je savais que mon établissement allait me manquer. Certains de mes professeurs et de mes surveillants aussi. Les infirmières et les dames de l'accueil également. Ceux qui allaient le plus me manquer étaient mes amis. Mais il le fallait, direction BTS Communication à Verdun.

Décoration et meubles achetés, appartement visité, clefs récupérées, plus qu'à emménager. Pour y rester combien de temps ? Je ne le savais pas encore à ce moment. Deux ans ? Si ça me plaît, oui, c'est le temps que j'y resterai.

L'école, je ne l'ai jamais vraiment appréciée. J'ai dû y aller, parce que « c'est important l'école ». On a cette chance de pouvoir étudier, d'autres en rêveraient. Alors, j'y allais, mais j'étudiais peu. On ne peut pas dire que j'étais fainéant, mais je n'ai donné le meilleur de moi que très rarement. Chaque bulletin au collège, puis au lycée contenait la même remarque « *peut mieux faire ! »*. Qu'est-ce qu'ils en savaient que je pouvais mieux faire ? Mais oui, je le pouvais, c'est vrai. Mes résultats étaient corrects en collège public, et le sont restés en lycée privé, mais toujours ce « *peut mieux faire »*... Oui, mais le bac, je savais que je l'aurais.

Et ce baccalauréat, je l'ai eu. Je ne sais pas comment j'ai fait. C'est sûrement grâce à mes facilités, parce que des révisions, j'en ai peu fait. Je crois avoir cette année-là, passé plus de temps à jouer sur mon portable qu'à réviser devant mes cahiers ou à écouter les professeurs. Tout au fond de la salle, contre le mur, mon téléphone branché à la prise la plus proche : impossible que la batterie tienne toute la journée sans me brancher au moins une fois à cette prise. C'était la bonne place pour moi, je l'avais bien choisie.

Je vous ai dit dans le paragraphe précédent que je ne savais pas comment j'avais obtenu mon baccalauréat. Mais ce diplôme, je l'ai eu en partie grâce à ma maman. Pas la moyenne en mathématiques toute l'année, et en allemand, je ne vous en parle même pas. Au baccalauréat ? 19/20 en maths et 16/20 en allemand. Mes meilleures notes ! Pour y arriver, j'en ai bavé pourtant. Chaque week-end, maman devenait prof de maths. *« Allez Mathias, réveille-toi ! Aujourd'hui, tu fais le sujet de maths du bac 2016 ! »*. Et chaque mercredi après-midi de disponible ne l'était plus ; maman m'avait pris une professeure particulière d'allemand. Ce n'était pas le programme de première et de terminale que je devais revoir avec elle. C'était toute la langue. J'avais perdu toutes mes bases. Je ne connaissais rien, impossible qu'une phrase complète d'allemand sorte de ma bouche. Puis cette personne m'a aidé. Et je l'ai fait. J'ai réussi.

J'ai dû m'énerver contre maman de nombreuses fois. Je n'aurais pas dû. Ces notes, c'est grâce à elle. Merci maman.

Retour à Verdun. C'est la rentrée. Je découvre mon nouveau lycée, ma nouvelle classe et mes nouveaux professeurs avec qui j'allais passer mes deux prochaines années. Dans cette classe, je ne m'y suis jamais senti bien. Je ne m'y suis jamais senti à l'aise. J'ai compris dès les premiers jours que je n'aurais jamais pu être moi dans cette classe. J'ai eu peur. Peur de revivre ce que j'avais déjà dû vivre. Mes amis, avec qui je passais mes journées entières quelques mois plus tôt, n'étaient plus là avec moi. J'avais à ce moment-là, réalisé que sans leur présence, c'est bien avant que je n'aurai plus eu la force de me lever chaque matin pour aller étudier. Mes nouveaux camarades de classe ne devaient pas être biens méchants. Mais je n'ai pas eu le courage de faire leur connaissance. Je n'avais pas envie d'affronter de nouveaux visages inconnus. J'ai eu peur de me souvenir. Je voulais que tout ça se finisse.

Au moment où j'avais choisi cette formation, elle me plaisait, mais j'ai toujours jugé l'école trop en retard pour m'apprendre ce qui m'intéressait vraiment. Internet et la vie quotidienne m'ont appris bien plus que l'école. Ils ne m'offrent certes pas de diplôme, mais ils m'offrent une expérience et des connaissances que je n'aurais eu nulle part ailleurs. La vraie vie me plaît. Celle à l'école beaucoup moins.

Pardon ma cousine, de ne pas avoir su te dire ce que je ressentais ces jours-là.

Pardon d'être parti, sans te prévenir.

Papa, maman, je ne vous l'ai jamais dit, sûrement pour ne pas vous inquiéter.

Oui, l'école me fait peur.

Des crises d'angoisses, j'en ai fait. J'aurais aimé les contrôler. J'ai tout fait pour aller mieux, mais cette phobie de l'école m'a empêché de vous écouter. Je ne pouvais pas y aller. Pour la première fois, je perdais du poids. Pour la première fois, je tremblais, sans m'arrêter. Cette phobie scolaire m'étranglait chaque soir. Oui, c'était bien elle. Elle m'empêchait de respirer correctement et de dormir. Sans vous le dire, je n'arrivais parfois même plus à me lever, à marcher. Je n'avais plus la force d'y retourner. Je ne saurais pas vous l'expliquer.

Je ne peux plus y aller.

X. 1er décembre 2019, l'article anonyme

Après avoir cessé mon activité sur les réseaux sociaux, j'avais reçu plusieurs invitations de différents médias, dans lesquels j'aurais pu témoigner de mon expérience sur les réseaux sociaux.

TV, radios, journaux… Que j'y apparaisse ? Ça ne m'intéressait plus. Pourtant, j'en aurais rêvé quelques mois plus tôt. J'ai décliné toutes ces invitations. Aucun média ne voulait me laisser le faire anonymement, sans m'exposer.

J'ai même été invité par un chroniqueur pour parler sur le plateau d'un talk-show que vous connaissez tous, sûrement le plus populaire de France. Un talk-show dans lequel j'ai toujours vu du harcèlement. Dans lequel j'ai toujours ressenti une pression entre présentateurs et invités. Il était hors de question que j'y mette les pieds. Témoigner devant des millions de téléspectateurs sans me cacher n'aurait fait qu'empirer ma situation.

En décembre 2019, le journal de ma région dont j'avais fait la première page un jour de février 2017 m'a fait une dernière faveur.

« Harcelé sur la toile, il souhaite alerter les usagers » est le titre de l'article anonyme grâce auquel j'ai pu enfin m'exprimer après tout ce temps de silence.

J'ai raconté dans cet article tout ce dont je vous ai déjà parlé. Des bons moments, j'en ai vécu, des événements, des cadeaux et des partenariats j'en ai eu. Mais j'ai été victime de personnes malveillantes. Par mes vidéos, je voulais casser les codes et aider mon public à s'assumer tel qu'il était. L'une de mes vidéos s'intitulait d'ailleurs « *Le rose, c'est pour les filles* ». Une vidéo au titre ironique, grâce à laquelle j'ai tenté d'abolir de fausses règles. D'abolir un faux mythe, celui de la virilité. Qui peut réellement définir ce qu'est la virilité ? Pourquoi tel autre garçon serait plus viril que moi ? Je suis bien un homme. J'en resterai un, peu importe mes choix. Ce sont pour ces choix que j'ai reçu un tas d'insultes. Pour ces choix que l'on m'a invité à me suicider. Je suis toujours là.

Je me souviens avoir dit par téléphone à la journaliste que je regrettais de ne pas avoir assez parlé de mon histoire lorsque mon influence aurait pu aider. Je lui ai aussi fait part de ma peur pour toute cette nouvelle génération, née dans les réseaux sociaux. J'ai peur pour mes cousins et cousines qui publieront sans s'inquiéter de ce qui pourrait leur arriver. J'ai peur de voir de nouvelles personnes harcelées à leur tour sans que leurs bourreaux ne soient jamais punis. J'ai peur de voir à nouveau cette injustice que j'ai ressentie toutes ces années.

Les réseaux sociaux sont dangereux. J'ai été l'une de leurs victimes, mais je m'en suis sorti.

Tu vois papi, Mathias a grandi.
J'espère que tu es fier de lui.

Ton petit-fils est aujourd'hui heureux
d'exister.

ÉPILOGUE

Voilà…

Vous connaissez désormais mon histoire. Vous savez enfin ce que j'ai vécu.

Cette histoire que je viens de vous raconter explique qui je suis aujourd'hui. Ce passé dont je vous ai parlé, n'en soyez pas désolés. Il a fait de moi le Mathias que vous connaissez.

Je dédie ce livre à toutes les personnes qui croient en moi et en mes projets. Ce soutien, cette présence… Ces sourires et ces mots que vous m'apportez quotidiennement sont tout pour moi.

J'ai de la chance de vous avoir.

MERCI.

Le harcèlement scolaire, c'est quoi ?

« Le harcèlement se définit comme une violence répétée qui peut être verbale, physique ou psychologique. Cette violence se retrouve aussi au sein de l'école. Elle est le fait d'un ou de plusieurs élèves à l'encontre d'une victime qui ne peut se défendre.

Lorsqu'un enfant est insulté, menacé, battu, bousculé ou reçoit des messages injurieux à répétition, on parle donc de harcèlement. »

Quels sont les caractéristiques du harcèlement en milieu scolaire ?

- La violence : c'est un rapport de force et de domination entre un ou plusieurs élèves et une ou plusieurs victimes.

- La répétitivité : il s'agit d'agressions qui se répètent régulièrement durant une longue période.

- L'isolement de la victime : la victime est souvent isolée, plus petite, faible physiquement, et dans l'incapacité de se défendre.

Le harcèlement se fonde sur le rejet de la différence et sur la stigmatisation de certaines caractéristiques, telles que : **L'apparence physique, le sexe - l'identité de genre, un handicap, un trouble de la communication, l'appartenance à un groupe social - ou culturel - ou particulier, des centres d'intérêts différents.**

Et le cyber-harcèlement, c'est quoi ?

« Avec l'utilisation permanente des nouvelles technologies de communication (téléphones, réseaux sociaux numériques), le harcèlement entre élèves se poursuit en dehors de l'enceinte des établissements scolaires. On parle alors de cyber-harcèlement. »

Comment être aidé quand on est harcelé, à qui en parler ?

- **À un adulte de votre établissement** en qui vous avez confiance (un professeur, le CPE, l'assistant d'éducation, l'assistant de service social, l'infirmier, la direction, le conseiller d'orientation psychologue…). Ils sont là pour vous écouter, vous aider et trouver des solutions.

- À vos parents ou un membre de votre famille ou de votre entourage : ils pourront vous conseiller et contacter l'établissement au besoin.

- À un élève de la classe ou de l'établissement : il pourra en parler avec un adulte de l'établissement pour vous aider.

Parler du harcèlement, c'est agir pour faire cesser la violence que vous subissez ; c'est aussi agir pour que d'autres élèves ou vous-même, ne soient pas victime une autre fois.

nonauharcelement.education.gouv.fr

Quelles sont les peines qu'encourent mes harceleurs ?

Si l'auteur du harcèlement est mineur, il peut être condamné à une peine de 18 mois de prison et 7500€ d'amende. S'il est majeur, il peut encourir jusqu'à 3 ans d'emprisonnement et 45000€ d'amende.

service-public.fr

Si tu es victime de harcèlement, n'hésites pas à consulter le site officiel de l'éducation nationale *nonauharcelement.education.gouv.fr* ou, sur leur page Facebook *facebook.com/nonauharcelementalecole.* Tu peux également en parler en appelant le *3020* ou le *0800200200* en cas de harcèlement numérique.

TABLE DES MATIÈRES

Achevé d'imprimer en Mai 2020 par TheBookEdition.-
com à Lille (Nord)

Imprimé en France

Dépôt Légal : mai 2020